Inhaltsverzeichnis

Vorwort		2
Deckblatt Lese-Begleit-Heft		3
differenzierte Arbeitsblätter zur Aktivierung des Vorwissens		4
differenzierte Arbeitsblätter zum Lesefortschritt		8
Arbeitsblätter zum Lernbereich Deutsch		
Schreiben:	Buchkritik	20
	Geschichten-Ideen: Hilfe für Ludwig	21
Lesen:	Wer erzählt hier?	22
	Silbenrätsel	23
	Locigal – Träumende Löwen	24
	Gäste	26
Sprache und Sprachgebrauch:	Reißverschlusswörter	25
Sprechen und Zuhören:	Ein guter Gastgeber	26
fächerübergreifende Arbeitsangebote		
Sachunterricht:	Arm und reich	27
	Vorurteile	28
	Typisch Junge, typisch Mädchen	29
	Der Löwe	30
Mathematik:	Rechen-Mal-Bild, 1. Klasse – Ludwig Löwe träumt	31
	Rechen-Mal-Bild, 2. Klasse – Alexander Antilope träumt	32
Kunst:	Löwenbilder	33
	Kochlöffeltheater-Figuren	33
Theater:	Kochlöffeltheater – Das Theaterstück	34
Lösungen		36

Vorwort

Das Lesen hat eine besondere Stellung im Rahmen der Fähigkeiten, die die Schüler[1] im Laufe ihrer Schullaufbahn erwerben. Lesen zu können ist eine unabdingbare Voraussetzung für erfolgreiches Lernen. Freude und Spaß am Lesenlernen ebnen den Schülern den Weg zum Lese-Erfolg. Da Kinder in der Regel pfiffig illustrierte Bilderbücher lieben, lohnt es sich, immer wieder einmal ein neues Bilderbuch mit der gesamten Klasse zu lesen, vorzulesen und zu bearbeiten. Die in der Regel kurzen, mit vielen Illustrationen versehenen Bilderbuchtexte verhelfen Leseanfängern und schwächeren Schülern schneller zu einem Erfolgserlebnis als die umfangreicheren Ganzschriften.

Zum Bilderbuch „Theodor Tinte trifft seine Helden“:
Der früher sehr erfolgreiche Dichter Theodor Tinte hält sich und seinen Dackel Daisy nur noch damit über Wasser, dass er ab und zu eine Kindergeschichte über den mutigen Löwen Ludwig und die ängstliche Antilope Alexander in der Tageszeitung seines Freundes Peter Presse veröffentlicht. Leider hat Theodor völlig falsche Vorstellungen von Ludwig und Alexander und so besuchen die beiden den Dichter in seinem Wohnzimmer, um ihm zu sagen, dass sie ganz anders sind, als er es sich denkt. Der Löwe ist nämlich schüchtern und ängstlich, die Antilope dagegen draufgängerisch und mutig. Theodor muss feststellen, dass er seinen beiden Helden gegenüber ziemliche Vorurteile hatte und er verspricht, dass in seinen Geschichten von nun an alles ganz anders sein wird.
Durch die an Comics erinnernden Illustrationen des Künstlers Victor Brizuela spricht dieses Bilderbuch verstärkt auch Jungen an.

Zum Literaturprojekt:
Das Literaturprojekt bietet Ihnen zweifach differenzierte (= einfach, = schwierig) Arbeitsblätter zur Aktivierung des Vorwissens (s. S. 4 – 7), die die Schüler anhand der dort abgedruckten Bilder bearbeiten sollten, ohne das Bilderbuch bereits zu kennen. In Zusammenhang mit diesen Arbeitsblättern ergeben sich kreative Schreibanlässe, die die Kinder dazu inspirieren, sich Geschichten über die abgebildeten Personen (Theodor, Daisy, Ludwig und Alexander) auszudenken. Regen Sie auch ungeübtere Schreiber zum Geschichtenerfinden an, indem Sie sie die Geschichten mündlich erzählen lassen. Damit fördern Sie die Fantasie Ihrer Schüler.

Die zweifach differenzierten Arbeitsblätter zum Lesefortschritt (s. S. 8 – 19) können parallel zum Lesen des Bilderbuches bearbeitet werden und halten sich eng an den Bilderbuchtext. Es empfiehlt sich, das Buch in Abschnitten vorzulesen und anschließend das jeweilige Arbeitsblatt auszuteilen. Neben den lesebegleitenden Arbeitsaufträgen finden Sie in diesem Literaturprojekt weitere Aufgaben aus dem Lernbereich Deutsch (s. S. 20 – 26) so wie abwechslungsreiche, fächerübergreifende Aufgaben aus den Lernbereichen Mathematik (s. S. 31 – 32), Sachkunde (s. S. 27 – 30) und Kunst (s. S. 33).

Das kleine Kochlöffeltheaterstück (s. S. 34 – 35) kann zum Abschluss des Theodor-Tinte-Projektes den Eltern vorgespielt werden.

Auf den Seiten 17 und 28 werden Vorurteile im persönlichen Umfeld der Kinder angesprochen. Achten Sie bitte darauf, wie die Klassengemeinschaft ist, damit kein Kind in der Klasse bloßgestellt oder ausgegrenzt wird.

Ich wünsche Ihnen viel Spaß mit Theodor Tinte, seinen Helden und diesem Literaturprojekt!

Barbara Peters

1 Der Einfachheit halber wird nur die männliche Form verwendet, es sind jedoch beide Geschlechter angesprochen.

Lese-Begleit-Heft zu

BVK LP103 • Barbara Peters: Literaturprojekt zu „Theodor Tinte trifft seine Helden“

1. Wer ist hier abgebildet? Kreuze an.
   ◯ Ein kleiner Junge?
   ◯ Ein freches Mädchen?
   ◯ Eine vornehme Dame?
   ◯ Ein alter Herr?
   Schreibe die Antwort auf:

   ____

2. Wie sieht der Mann aus? Schreibe auf.

   Seine Nase ist ______________ . Er trägt eine ______________ .

   Sein Hals ist ______________________________ .

   Welchen Beruf könnte dieser Mann haben? ______________

   Denke dir einen Namen für den Mann aus: ______________

BVK LP103 • Barbara Peters: Literaturprojekt zu „Theodor Tinte trifft seine Helden“

1. Beschreibe den Mann, den du auf dem Bild siehst, mit eigenen Worten.
   Wie sieht er aus? Schreibe auf.

2. Wer könnte das sein? Welchen Beruf hat dieser Mann?
   Schreibe auf.

3. Wie könnte der Mann heißen? Schreibe auf.

1. Schaue dir das Bild genau an. Was siehst du? Kreuze an.

Vor dem Topf sitzt ein ...

- ◯ kleines Baby.
- ◯ wilder Löwe.
- ◯ alter Mann.
- ◯ hungriger Hund.

Der Hund kocht ...

- ◯ einen Pudding.
- ◯ einen alten Schuh.
- ◯ Apfelmus.
- ◯ Nudelsuppe.

2. Was für ein Hund ist auf dem Bild zu sehen? Kreuze an.

- ◯ ein Dackel
- ◯ ein Schäferhund
- ◯ ein Pudel

3. Setzt euch zu zweit zusammen. Erzählt euch, was ihr auf dem Bild seht. Wie sieht der Hund aus? Warum kocht der Hund einen Schuh? Was könnte da passiert sein?

---

1. Was siehst du auf dem Bild? Schreibe auf:

Wie sieht der Hund aus?

2. Überlege: Warum will der Hund einen Schuh kochen? Gib dem Hund einen Namen und denke dir eine Geschichte über ihn aus.

Schreibe in dein Heft.

Sammelt eure Geschichten in einem Geschichtenbuch.

Schaue dir die Bilder an.
Lies die Sätze und streiche durch, was falsch ist.

Auf den beiden Bildern ist ein fröhlicher Löwe / ängstlicher Löwe zu sehen.

Der Löwe springt auf den Tisch. / in den Fluss.

Der Tisch kippt um. / zerbricht.

1. Schreibe auf, was der Löwe auf dem kaputten Tisch denkt.

2. Schreibe in dein Heft, wie du dir einen echten Löwen vorstellst. Wovor könnte er Angst haben?

Augen | Ohren | Boxhandschuhe | Hörner | Maul | Stuhl | Nase | Hufe

1. Auf diesem Bild siehst du eine Antilope.
   Verbinde die Wörter mit den richtigen Bildteilen.

2. Erstelle mit deinem Nachbarn eine Liste von möglichen Gründen, warum die Antilope Boxhandschuhe trägt.

BVK LP103 • Barbara Peters: Literaturprojekt zu „Theodor Tinte trifft seine Helden“

1. Beschreibe die Antilope. Setze die fehlenden Wörter ein.

   Die ☐☐☐☐☐☐☐☐

   sitzt auf einem ☐☐☐☐☐.

   Sie trägt an jedem Vorderhuf

   einen ☐☐☐☐☐☐☐☐☐☐☐☐.

   Auf ihrem Kopf hat sie zwei ☐☐☐☐☐ und zwei gebogene

   ☐☐☐☐☐☐.

2. Eine echte Antilope trägt keine Boxhandschuhe. Wie stellst du dir eine Antilope vor? Erzähle es deinem Nachbarn.

Der Vorratsschrank ist leer

1. Verbinde Wort und Bild richtig.

Spinnennetz

Ravioli

Glas

Topf

Kochlöffel

Buch

2. Wie geht es Theodors Dackel Daisy?
   Schaue dir das Bild von Daisy mit dem Kochtopf an und
   sprich mit deinem Nachbarn darüber.
   Bist du schon einmal richtig hungrig gewesen?
   Wann war das? Erzähle deinem Nachbarn davon.

3. Lies den Text noch einmal und beantworte die Fragen.
   Wo veröffentlicht Peter Presse Theodors Geschichten?

   In seiner ____________.

   Was kauft Theodor von dem Geld? ________,

   ________ und _______.

4. Wie ging es Theodor früher?
   Fülle die Lücken aus. Die Bilder helfen dir dabei.

   Theodor hat viele  ______ über Repto,

   den  ______________,

   geschrieben und damit sehr viel  ____ verdient.

   Von dem Geld hat er sich die  _____ und mehrere

    _____ gekauft.

BVK LP103 • Barbara Peters: Literaturprojekt zu „Theodor Tinte trifft seine Helden“

Theodor Tinte muss Geschichten schreiben

1. Verbinde die Satzanfänge mit den passenden Satzenden.

Theodor Tinte	enthielt sein Leibgericht.
Theodors Geldbörse	starrte in den Vorratsschrank.
Der Dichter	kochte einen alten Schuh.
Die Dose im Schrank	war leer.
Das Malzbier	veröffentlichte Theodors Geschichten.
Dackel Daisy	reichte höchstens noch bis übermorgen.
Peter Presse	musste eine neue Geschichte schreiben.

2. Theodor Tinte isst gerne Ravioli aus der Dose. Magst du das auch? Was isst du am liebsten? Schreibe dein Lieblingsessen auf.

3. Schreibe eine Einkaufsliste mit allen Dingen, die du für dein Lieblingsessen brauchst.

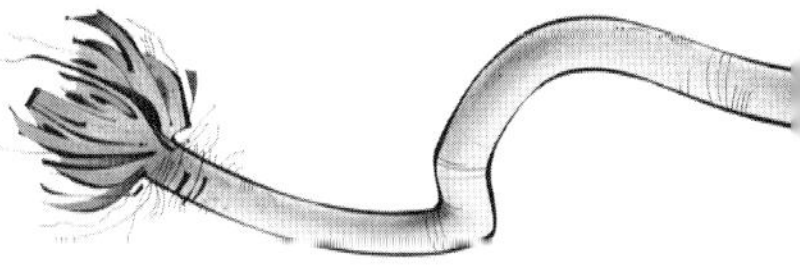

BVK LP103 • Barbara Peters: Literaturprojekt zu „Theodor Tinte trifft seine Helden“

Theodor kennt das Alphabet

Der Dichter Theodor Tinte kennt das Alphabet. Ohne Buchstaben könnte er nicht schreiben. Wie gut kennst du das Alphabet?

1. Finde zu jedem Buchstaben ein Tier mit passendem Namen. Ein paar besonders schwierige Tiere sind schon vorgegeben. Du darfst auch Fantasietiere oder -namen erfinden, aber nicht mehr als vier!

Mein tolles Tieralphabet

Alexander	**A**ntilope		**N** ________	________	
B ________	**B**är		**O** ________	**O**tter	
C ________	**C**hamäleon		**P** ________	________	
Dackel	**D**aisy		**Q**uentin	**Q**ualle	
E ________	________		**R** ________	________	
F ________	________		**S** ________	________	
G ________	________		**T** ________	________	
H ________	________		**U** ________	________	
I ________	________		**V** ________	**V**ielfraß	
J ________	________		**W** ________	________	
K ________	________		**X** ________	________	
Ludwig	**L**öwe		**Y** ________	**Y**ak	
M ________	________		**Z** ________	________	

2. Mit welchem Tier aus deinem Tieralphabet ist Ludwig Löwe befreundet?

   Schreibe seinen Namen hier auf: ________ ________

3. Male ein buntes Bild von dem Löwen Ludwig mit seinem Freund auf die Rückseite des Arbeitsblattes.

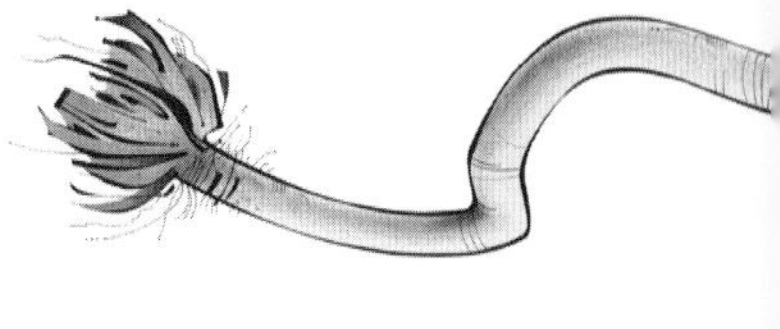

BVK LP103 • Barbara Peters: Literaturprojekt zu „Theodor Tinte trifft seine Helden“

Eine neue Löwengeschichte

1. Beim Schreiben der neuen Geschichte sind Theodor in einigen Wörtern die Buchstaben durcheinandergeraten.
   Schreibe die richtigen Wörter auf die Linien.

igdwLu	hedrond	fähichgerl	ppiLen
______	______	______	______
xAdleaner	anftuns	nauSchze	tuchlF
______	______	______	______

2. Theodor ist durch den seltsamen Besuch völlig verwirrt.
   Er weiß nicht mehr, was passiert ist.
   Hilf dem Dichter und kreuze die richtige Antwort an.

	wahr	falsch
Auf Theodors Sofa saß eine niedliche Maus.	R	L
Daisy entdeckte zuerst die Antilope.	Ö	E
Der Dackel sprang kläffend auf den Eindringling zu.	W	M
Alexander gab der wütenden Daisy einen Kuss.	O	E

Lösungswort: ___ ___ ___ ___

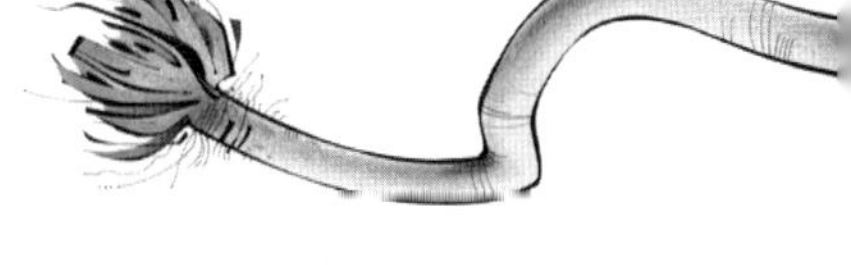

BVK LP103 • Barbara Peters: Literaturprojekt zu „Theodor Tinte trifft seine Helden“

Was ist passiert?

1. Was stimmt? Lies und kreuze an.

Der Couchtisch zerbricht, weil
- ○ Theodor ihn mit einer Axt zerschlägt.
- ○ er alt und kaputt ist.
- ○ ein Lastwagen über ihn fährt.
- ○ Ludwig auf ihn springt.
- ○ die Teetasse zu schwer ist.

Dackel Daisy hat ein blaues Auge, weil
- ○ er zu viel Schminke verwendet hat.
- ○ Alexander ihn geboxt hat.
- ○ er gegen die Türklinke gelaufen ist.
- ○ er sich mit Theodor geprügelt hat.
- ○ er die Treppe hinuntergefallen ist.

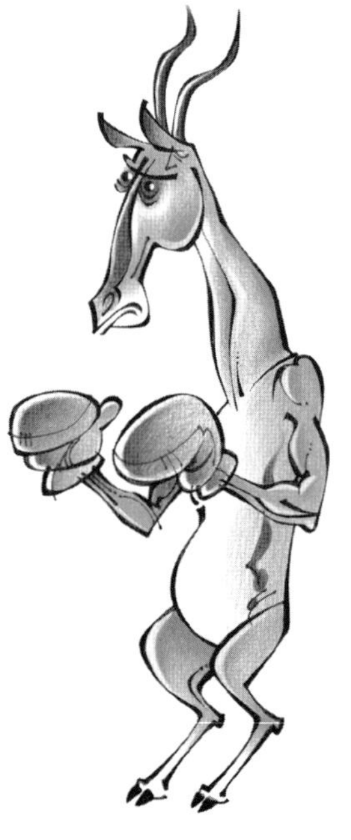

Theodor Tinte wusste gar nicht, dass
- ○ Antilopen boxen können.
- ○ Dackel blaue Augen haben.
- ○ Löwen gerne Dichter besuchen.
- ○ Daisy sehr gefährlich ist.
- ○ blaue Augen *Veilchen* genannt werden.

2. Nach Alexanders Boxhieb hat Dackel Daisy ein Veilchen.
   Hattest du auch schon einmal ein blaues Auge?
   Erzähle deinem Nachbarn davon.

3. Stelle dir vor, dass du gegen einen Laternenpfahl gelaufen bist
   und ein blaues Auge hast.
   Male auf ein Blatt, wie du dann aussehen würdest.

BVK LP103 • Barbara Peters: Literaturprojekt zu „Theodor Tinte trifft seine Helden“

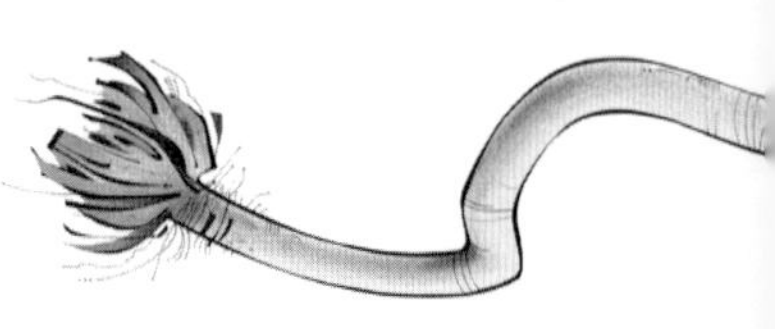

Unglaubliche Vorgänge in Theodors Wohnzimmer

1. Beantworte die folgenden Fragen zum Text in ganzen Sätzen.
Von wem wurde der niedergestreckte Dackel furchtsam angestarrt?

Wer war von den unglaublichen Vorgängen ziemlich verwirrt?

Jemand lag ohnmächtig auf dem Boden. Wer war das?

Worauf starrte Theodor fassungslos?

Was wusste der Dichter gar nicht?

Worauf setzte Ludwig Löwe sich, nachdem er sich aus den Resten des Couchtisches aufgerappelt hatte?

2. In diesem Suchsel haben sich fünf Möbelstücke versteckt. Finde sie und male sie an. Schreibe die Wörter mit ihrem Artikel (Begleiter) auf die Linien.

S	E	S	T	I	S	C	H
T	B	O	D	K	X	G	L
U	C	F	L	A	M	P	E
H	D	A	F	H	M	O	Q
L	S	C	H	R	A	N	K

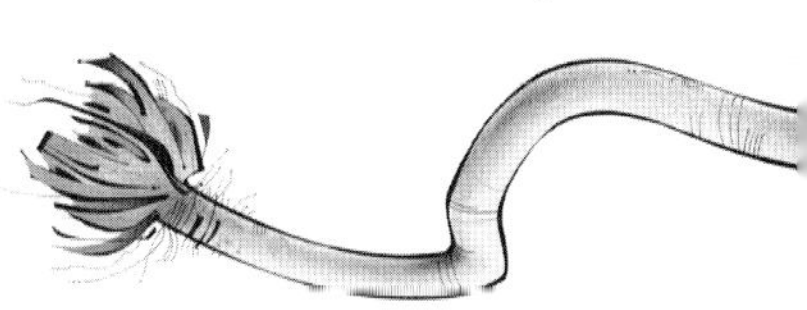

BVK LP103 • Barbara Peters: Literaturprojekt zu „Theodor Tinte trifft seine Helden“

Theodor muss sich um alles kümmern

1. Male die Wörter an, die du auf dem Bild siehst.

Kochtopf

Stuhl

Brille

Teetasse

Sofa

Nase

Eisbeutel

Stern

Schnurrbart

Buch

Bretter

Verband

2. Welche Textstelle passt zu dem Bild oben? Kreuze an.

- ◯ Mit einem ängstlichen Blick auf Daisy verließ der Dichter das Wohnzimmer und kehrte nach kurzer Zeit zurück.
- ◯ Theodor legte behutsam einen Eisbeutel auf das lädierte Auge des Dackels.
- ◯ Alexander Antilope nahm einen kräftigen Schluck Malzbier.
- ◯ Der Löwe nippte vornehm an seiner Teetasse.

3. Theodor kümmert sich um Daisy, Ludwig und Alexander. Was tut er?
Verbinde jeden Satzanfang mit dem passenden Bild.

Der Dichter holt für Daisys blaues Auge einen
Für den Löwen bringt Theodor eine
Alexander bekommt von Theodor Tinte eine

BVK LP103 • Barbara Peters: Literaturprojekt zu „Theodor Tinte trifft seine Helden“

Ein Gastgeber hat viel zu tun

1. Lies und male an.

Der Löwe ist gelb. Er hat eine braune Mähne.
Die Antilope ist braun.
Theodor trägt eine grüne Schürze. Sein Sturzhelm ist rosa.
Theodor hat eine Schokoladentorte gebacken.
Der Schuh ist schwarz.
In der blauen Vase sind drei gelbe Blumen.
Die Teekanne und die Teetassen sind rot.
Die rote Kerze brennt mit einer gelben Flamme.

2. Zwei Dinge auf diesem Bild sind nicht richtig. Kreuze an.

- ◯ Es gibt keine grünen Schürzen.
- ◯ Ein Schuh gehört nicht auf den Teetisch.
- ◯ Blumen stehen nie in einer Vase.
- ◯ Wenn man Besuch hat, braucht man keinen Sturzhelm.
- ◯ Eine Torte muss unter dem Tisch stehen.

BVK LP103 • Barbara Peters: Literaturprojekt zu „Theodor Tinte trifft seine Helden“

Einhundertundelf falsche Abenteuer

1. Wie ist Ludwig wirklich? Schreibe die Anlaute zu jedem Bild auf. Dann weißt du es.

   Ludwig Löwe ist nicht ____ ____ ____ ____ ____ und

   ____ ____ ____ ____ . Er ist ____ ____ ____ ____ .

   Außerdem hat er ____ ____ ____ ____ ____

   vor ____ ____ ____ ____ ____ ____ .

   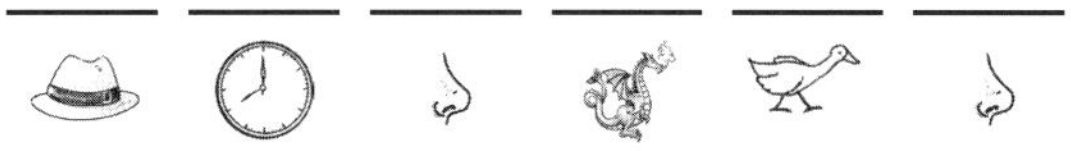

2. Alexander Antilope ist anders, als Theodor es in seinen Geschichten beschreibt. Wie ist Alexander wirklich?
   Male die Sprechblasen mit den richtigen Sätzen grün an und die Sprechblasen mit den falschen Sätzen gelb.

Ich verstecke mich hinter Büschen.

Ich zittere vor Angst.

Ich bin stark.

Ich kann boxen.

Ich bin kein Feigling.

Ich bin der totale Verlierer.

Ich unterhalte mich gerne mit Ludwig.

Ich bin immer auf der Flucht.

3. Ludwig Löwe liegt am liebsten in der Sonne und träumt.
   Male den träumenden Löwen auf die Rückseite des Arbeitsblattes.

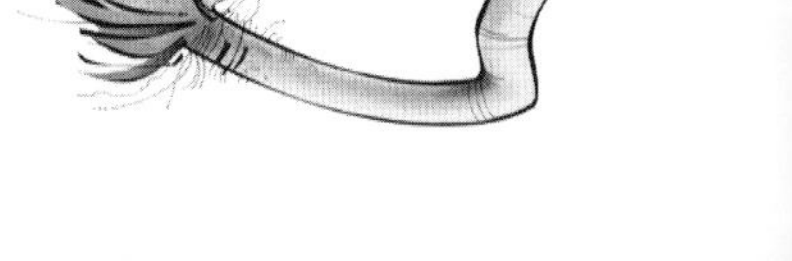

BVK LP103 • Barbara Peters: Literaturprojekt zu „Theodor Tinte trifft seine Helden“

Theodor hat keine Ahnung

1. Warum sind Ludwig Löwe und Alexander Antilope zu Theodor Tinte gekommen? Was ist richtig? ✏ Kreise ein.

	wahr	falsch
Die beiden sind hier, weil sie es nicht mehr aushalten.	W	O
Ludwig und Alexander wollen mit Theodor spielen.	M	A
Der Löwe und die Antilope haben sich verlaufen.	V	H
Die beiden wollen keine falschen Abenteuer mehr bestehen.	R	U
Ludwig und Alexander müssen Theodor etwas erklären.	H	G
Ludwig Löwe will nicht, dass sich die Kinder vor ihm fürchten.	E	J
Alexander Antilope will sich mit Daisy verabreden.	K	I
Ludwig möchte mit Theodor Ravioli essen.	P	T

2. ✏ Trage das Lösungswort in den Satz ein:

Theodor Tinte soll die ___ ___ ___ ___ ___ ___ ___ ___ über Ludwig und Alexander schreiben.

3. Hat schon einmal jemand etwas Falsches über dich erzählt? Was war das? Wie hast du dich gefühlt? ✏ Schreibe auf.

____

____

____

BVK LP103 • Barbara Peters: Literaturprojekt zu „Theodor Tinte trifft seine Helden“

Vorurteile

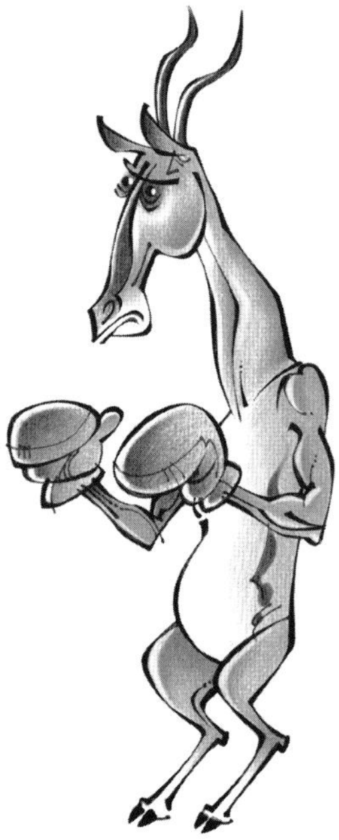

1. Welche Wörter passen zu Alexander Antilope?

2. Welche Wörter passen zu Ludwig Löwe?

3. Was dachte Theodor von den beiden Tieren?

4. War seine Meinung richtig?

Eine solche Meinung nennt man *Vorurteil.*

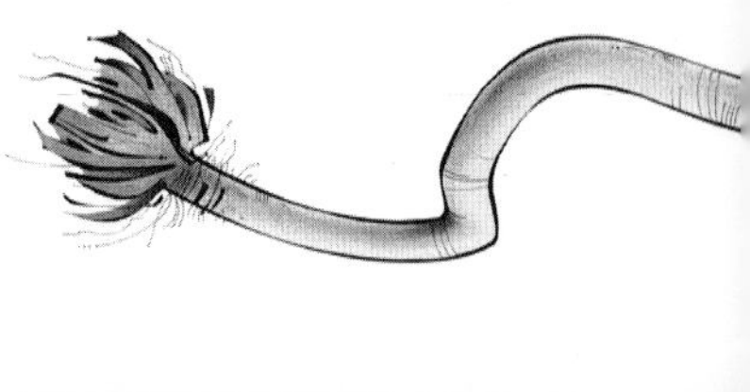

BVK LP103 • Barbara Peters: Literaturprojekt zu „Theodor Tinte trifft seine Helden“

Theodor Tinte ist verwirrt

1. Schneide die Sätze aus.
2. Lege sie in die richtige Reihenfolge.
3. Klebe sie auf ein Blatt Papier.
4. Wie heißt das Lösungswort?
   Schreibe es auf.

Lösungswort:

___ ___ ___ ___ ___ ___ ___ ___ ___ ___

T	Der Dichter will keine Vorurteile haben.
L	Der Dichter Theodor Tinte schreibt sofort eine neue Geschichte.
R	Theodor Tinte kann nämlich Ravioli kochen.
O	Alexander lässt drohend seine Muskeln spielen.
V	Der Dichter wundert sich, dass Alexander nicht ängstlich ist.
E	Der Löwe und die Antilope verschwinden.
R	Alexander Antilope sagt: „Du denkst, dass Männer nicht kochen können.“
E	Tinte verspricht: „In meinen nächsten Geschichten wird alles anders.“
U	Theodor schüttelt wild den Kopf.
I	Jetzt sind Ludwig und Alexander zufrieden.

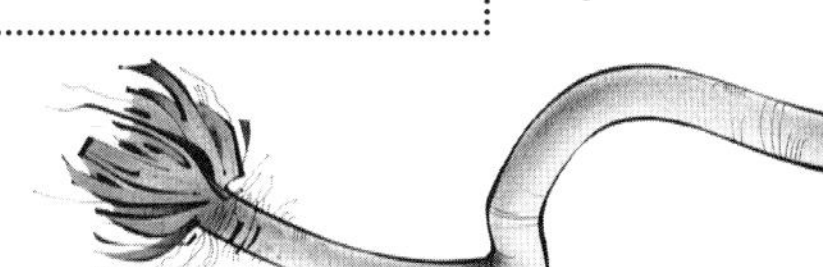

BVK LP103 • Barbara Peters: Literaturprojekt zu „Theodor Tinte trifft seine Helden“

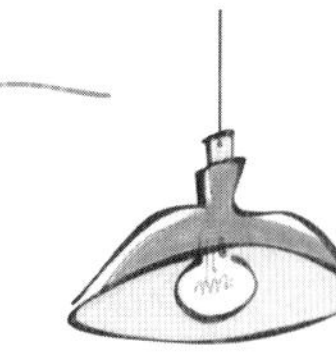

Buchkritik von ____________________

1. Fülle das Arbeitsblatt mit Hilfe des Bilderbuches aus.
   Schreibe und male.

Buchtitel:

____

Autorin:

____

Illustrator:

____

Verlag:

____

Das ist meine Lieblingsfigur:

____

Das mag ich an ihr:

____

2. Lies die folgenden Fragen und mache dir Stichpunkte.
   Erzähle dann einem Partner.
   Das war die lustigste Stelle in dem Buch:

____

Am traurigsten fand ich die Stelle, als ...

____

Das hat mir an dem Buch am besten gefallen:

____

____

Das hat mir an dem Buch nicht so gut gefallen:

____

____

3. Informiere dich unter *www.barbarapeters.de* über die Autorin. Schreibe dir einige Stichpunkte zu ihr auf.

BVK LP103 • Barbara Peters: Literaturprojekt zu „Theodor Tinte trifft seine Helden“

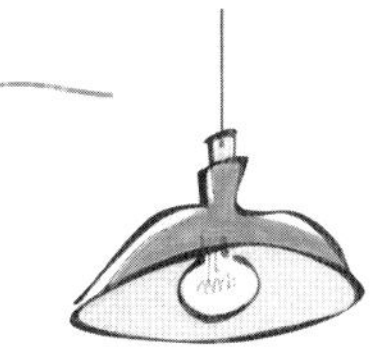

Geschichten-Ideen: Hilfe für Ludwig

Schreibe eine der Geschichten zu Ende.

Ein Hilfeschrei gellt durch die Wüste: „Hiiiilfe! Hiiiiilfe!“ Alexander Antilope erschrickt. Das ist Ludwig Löwe, der da schreit. So schnell er kann, läuft Alexander los, um seinem besten Freund zu helfen. Doch was ist das? Ludwig sitzt auf dem einzigen Baum weit und breit und zeigt mit zitternder Pfote auf ...

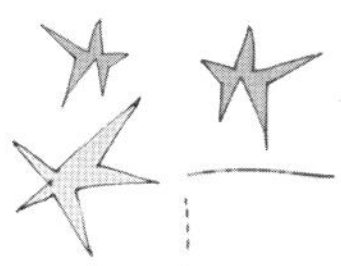

Heute wollen Ludwig und Alexander einen Ausflug machen. Ludwig trägt einen Korb mit belegten Broten. In Alexanders Rucksack sind mehrere Flaschen Limonade. Zufrieden wandern die beiden durch die Wüste. Plötzlich bleibt Ludwig stehen und flüstert: „Ich gehe keinen Schritt weiter! Dort hinter den Büschen sitzt ein ...“

Alexander Antilope macht sich große Sorgen. Ludwig Löwe ist verschwunden. Seit drei Tagen hat ihn niemand mehr gesehen. Alexander muss seinen besten Freund wiederfinden. Er wandert durch die Wüste und ...

Alexander Antilope will mit Ludwig Löwe und seiner neuen Taschenlampe eine Nachtwanderung machen. Aber Ludwig will nicht mitgehen. Er sagt: „Im Dunkeln könnten Räuber auf uns warten. Oder eine Giftschlange beißt uns. Oder wir fallen in ein tiefes Loch. Oder ...“ Ludwig hat vor allem Angst. Da hat Alexander eine gute Idee. Er ...

BVK LP103 • Barbara Peters: Literaturprojekt zu „Theodor Tinte trifft seine Helden“

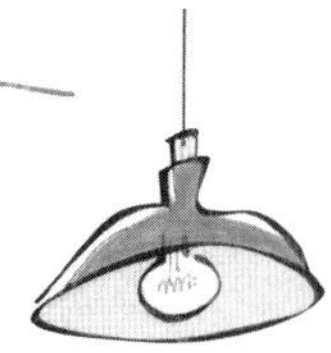

Wer erzählt hier?

Theodor Tinte

Daisy

Ludwig Löwe

Peter Presse

Alexander Antilope

Verschiedene Personen erzählen von ihren Erlebnissen mit Theodor Tinte. Finde heraus, wer was sagt, und ✎ schreibe den Namen auf.

1. Ich hatte großen Hunger.
   Ich fand keine Wurst, keinen Knochen und kein Fleisch.
   Deshalb kochte ich mir einen Schuh.
   Irgendetwas musste ich ja essen.

   Das erzählt: ______________________.

2. Mein bester Freund verdiente kein Geld mehr.
   Da druckte ich seine Löwengeschichten in meiner Zeitung.
   Von dem Geld, das ich ihm für die Geschichten bezahlte, konnte mein Freund sich endlich wieder Ravioli kaufen.

   Das erzählt: ______________________.

3. Ich saß gerade auf dem Sofa, als die Tür aufging.
   Ein gefährlicher Hund sprang bellend ins Zimmer.
   Vor Schreck machte ich einen riesigen Satz.
   Leider landete ich auf dem Couchtisch.
   Weil ich zu schwer war, zerbrach der Tisch mit Getöse.

   Das erzählt: ______________________.

BVK LP103 • Barbara Peters: Literaturprojekt zu „Theodor Tinte trifft seine Helden“

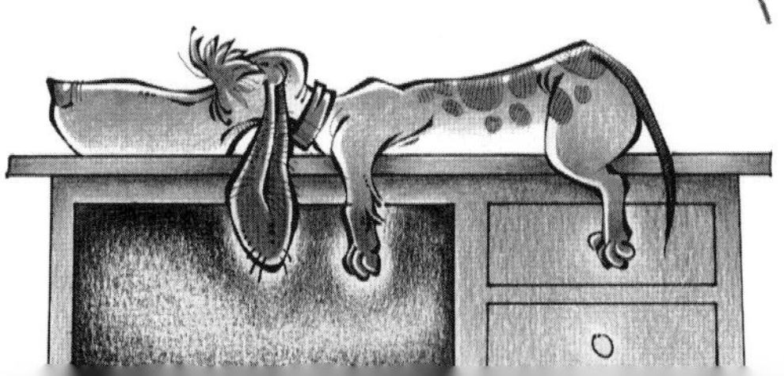

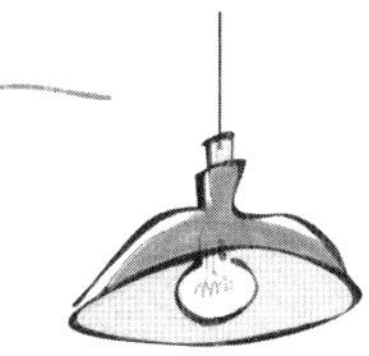

Silbenrätsel

Lies zuerst alle Rätsel.
Wenn du die Silben richtig zusammensetzt, findest du die gesuchten Begriffe. Streiche die Silben weg, die du verwendet hast.

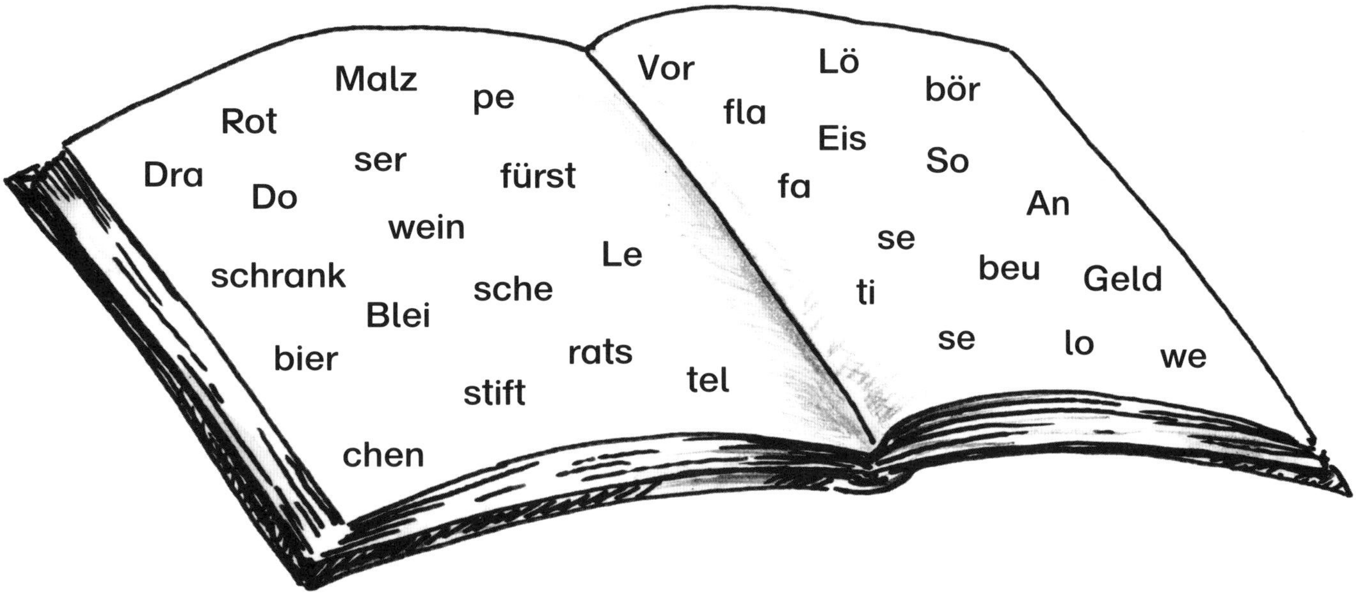

Der __________ ist ein Tier mit einer wilden Mähne.

In der __________ befindet sich das Leibgericht von Theodor Tinte.

Du steckst dein Geld in die ______________________ .

Vorräte werden im __________________________________ aufbewahrt.

Plötzlich sitzt ein Löwe auf Theodors __________ .

Repto, der Held aus Theodors Romanen, ist ein ____________________ .

Jemand, der ein Buch liest, ist ein ____________ .

Bevor Theodor anfängt zu schreiben, spitzt er den ________________ an.

Alexander ist eine ____________________ .

Es war nur noch ein halbes Glas Wein in der ____________________ .

Theodor holt für Daisys blaues Auge einen ____________________ .

Alexander trinkt gerne ____________________ .

BVK LP103 • Barbara Peters: Literaturprojekt zu „Theodor Tinte trifft seine Helden“

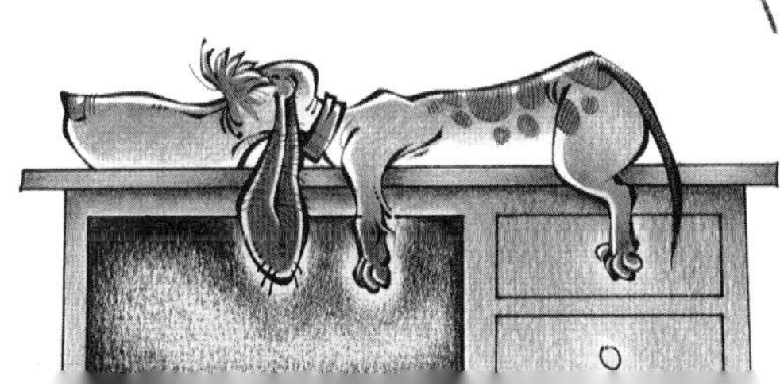

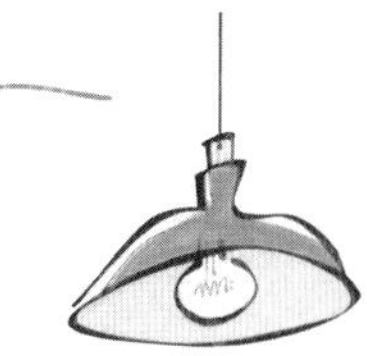

Logical – Träumende Löwen

Hier siehst du drei Löwen. Sie heißen Leo, Ludwig und Lasse.
Sie träumen alle drei von Hasen und Blumen. Wer ist wer?

Schreibe die Namen unter die Löwen.

Male Hasen und Blumen in den richtigen Farben aus.

______________________ ______________________ ______________________

1. Leo steht neben dem Löwen, der von einer roten Blume träumt. Der Hase in Leos Traum ist grün.
2. In einem Löwentraum kommt eine blaue Blume vor.
3. Ludwigs Schwanz ringelt sich um die Beine des Löwen, der von einem grünen Hasen träumt. Ludwigs Hase ist so gelb wie seine Blume.
4. Ein Löwe träumt von einem roten Hasen.
5. Lasse steht. Neben ihm liegt niemand. Die Blume in Lasses Traum ist rot.

BVK LP103 • Barbara Peters: Literaturprojekt zu „Theodor Tinte trifft seine Helden“

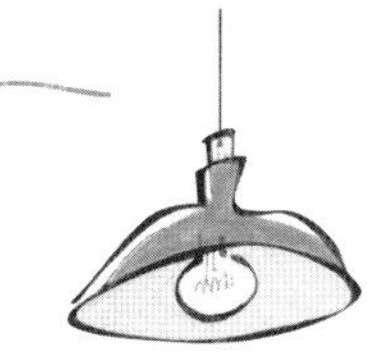

Reißverschlusswörter

Löwengeschichten ist ein Reißverschlusswort.
Es ist aus den Nomen (Namenwörtern) *Löwen* und *Geschichten* zusammengesetzt.

Löwen | Geschichten

1. In der Geschichte von Theodor Tinte kommen viele Reißverschlusswörter vor. Füge die Reißverschlüsse | an den richtigen Stellen ein:

   Leib|gericht Geldbörse Rotweinflasche Teedose
   Teebeutel Kindergeschichten Drachenfürst Profiboxer
   Eisbeutel Angsthase Motorrad

2. Diese Reißverschlusswörter gibt es gar nicht:

   Geldgericht Bleirad Angstflasche Motorbörse
   Profihase Rotweinboxer Drachendose Teefürst Leibstift

   Verbinde die Wörter richtig.

Geld	gericht
Blei	rad
Angst	flasche
Motor	börse
Profi	hase
Rotwein	boxer
Drachen	dose
Tee	fürst
Leib	stift

BVK LP103 • Barbara Peters: Literaturprojekt zu „Theodor Tinte trifft seine Helden“

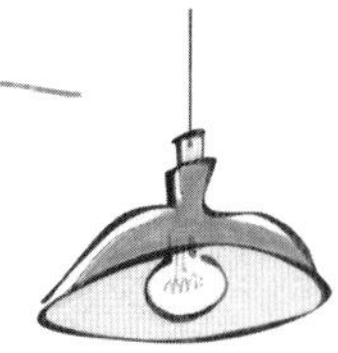

Ein guter Gastgeber

Obwohl Daisy mit einem blauen Auge auf dem Boden liegt und der Löwe Theodors Couchtisch zerbrochen hat, will Theodor Tinte ein guter Gastgeber für Ludwig Löwe und Alexander Antilope sein.
Was tut der Dichter? Mache dir Stichpunkte und erzähle nachher der Klasse in ganzen Sätzen.

BVK LP103 • Barbara Peters: Literaturprojekt zu „Theodor Tinte trifft seine Helden“

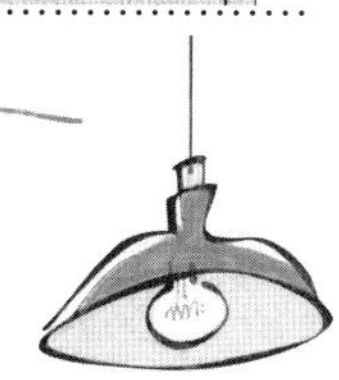

Gäste

1. Was tut ein guter Gastgeber? Kreuze die richtigen Antworten an.

○	X	Er lässt seine Gäste vor der Haustür im Regen stehen.
○	N	Er bietet seinen Gästen einen Platz auf der Couch an.
○	E	Ein guter Gastgeber gibt den Gästen etwas zu trinken.
○	L	Er nimmt sich selbst natürlich das größte Stück Torte.
○	T	Ein guter Gastgeber spricht freundlich mit seinen Gästen.
○	I	Er liest die Zeitung und kümmert sich nicht um seine Gäste.
○	T	Er versucht, den Gästen jeden Wunsch zu erfüllen.

2. Trage die angekreuzten Buchstaben hier ein:

Ein guter Gastgeber ist ____ ____ ____ ____
zu seinen Gästen.

BVK LP103 • Barbara Peters: Literaturprojekt zu „Theodor Tinte trifft seine Helden“

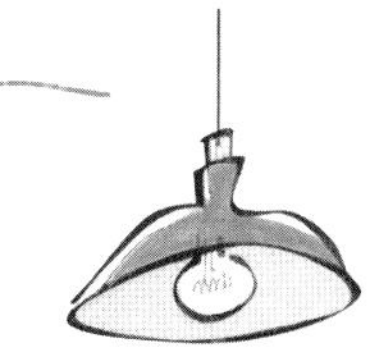

Arm und reich

1. Früher war Theodor Tinte sehr reich. Er hat viel Geld mit seinen Drachen-Romanen verdient. Schreibe auf, wie Theodor damals lebte. Die folgenden Wörter helfen dir dabei.

genug – Villa – immer – Garten – viele – mehrere –
Auto – Ravioli – Malzbier – Geld – groß

2. Jetzt haben Daisy und Theodor manchmal nicht genug zu essen. Warum ist das so? Schreibe auf.

3. Stelle dir vor, dass du sehr reich bist. Was würdest du dann tun? Schreibe auf.

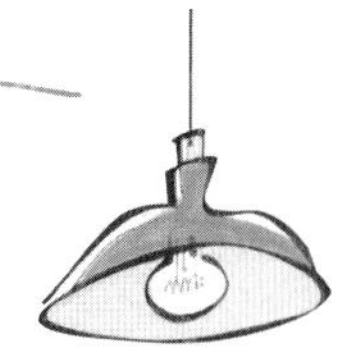

Vorurteile

1. Theodor dachte immer, dass Antilopen ängstlich und feige sind. Doch er hat sich geirrt. Alexander Antilope ist ganz anders.
   ✎ Kreise die Adjektive ein, die zu Alexander passen.

ängstlich lieb verträumt furchtsam

mutig wild böse kämpferisch

feige abenteuerlustig vorsichtig

Theodor hat über Alexander geurteilt, bevor er ihn wirklich kannte. Das nennt man ein *Vorurteil*.

2. Es gibt viele Vorurteile. Ludwig zählt einige auf. Fallen dir noch mehr Vorurteile ein? ✎ Schreibe sie in die Sprechblasen.

3. Hast du schon einmal erlebt, dass jemand ein Vorurteil dir gegenüber hatte? Wie hast du dich da gefühlt?
   Erzähle deinem Nachbarn davon.

BVK LP103 • Barbara Peters: Literaturprojekt zu „Theodor Tinte trifft seine Helden“

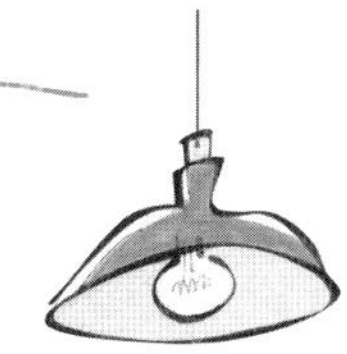

Typisch Junge, typisch Mädchen

Du hast schon einiges über Vorurteile erfahren.
Es gibt auch Vorurteile über Mädchen und Jungen.

1. Fällt dir noch mehr ein? Schreibe in die Tabelle.

typisch Mädchen	**typisch Junge**
Mädchen können nicht Fußball spielen.	Alle Jungen sind unordentlich.

2. Sind alle Aussagen wahr? Begründe deine Meinung.

___

___

___

3. Bildet Paare (Junge und Mädchen), zeigt euch eure Tabellen und sprecht darüber. Hängt eure Ergebnisse nachher an einer Wand auf.

BVK LP103 • Barbara Peters: Literaturprojekt zu „Theodor Tinte trifft seine Helden“

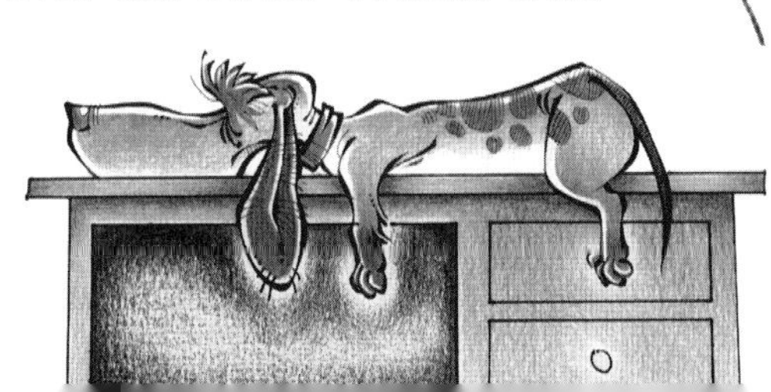

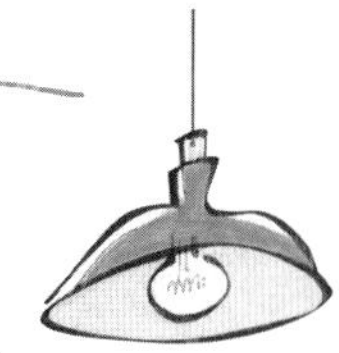

Der Löwe

1. Lies den Sachtext über die Löwen.
2. Fülle den Steckbrief aus.
3. Male das Löwenbild naturgetreu an.

Der Löwe

Der Löwe lebt in Afrika und Indien im Grasland. Ein ausgewachsenes Löwenmännchen wiegt durchschnittlich etwa 190 kg. Die Löwinnen sind mit etwa 126 kg kleiner und leichter. Löwen haben kurzes, gelbliches bis rötlich braunes Fell. Einen männlichen Löwen erkennt man an seiner langen, dunkelbraunen Mähne. Der Schwanz eines Löwen endet in einer Quaste. Löwen sind die einzige Katzenart, die in Rudeln lebt. Ein Löwenrudel besteht aus mehreren Löwinnen (bis zu 15) mit ihren Jungen und bis zu vier Löwenmännchen.

Löwen sind Fleischfresser. Sie jagen gerne abends und nachts und am kühlen Morgen. Zu ihren Beutetieren gehören Antilopen, Büffel und Zebras. Ein Löwe schläft am Tag ungefähr 20 Stunden.

Steckbrief: Löwe

Lebensraum: ______________________ Gewicht: ______________________

Aussehen: ____

____

Nahrung: ____

Was findest du an Löwen besonders spannend?

____

____

4. Kennst du noch andere Raubkatzen?

Schreibe in dein Heft.

BVK LP103 • Barbara Peters: Literaturprojekt zu „Theodor Tinte trifft seine Helden“

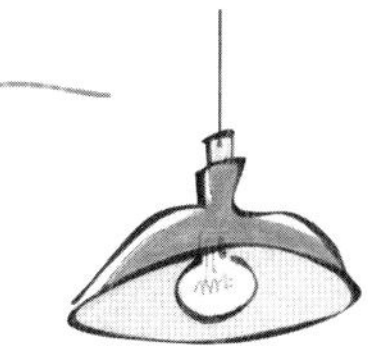

Rechen-Mal-Bild 1. Klasse – Ludwig Löwe träumt

Male richtig an.

dunkelgrün: 6 hellgrün: 11 blau: 15 rot: 8 gelb: 20 hellbraun: 5 dunkelbraun: 17

BVK LP103 • Barbara Peters: Literaturprojekt zu „Theodor Tinte trifft seine Helden“

Rechen-Mal-Bild 2. Klasse – Alexander Antilope träumt

Male richtig an.

grau: 8 grün: 81 rot: 12 blau: 14 gelb: 50 braun: 30 schwarz: 36

BVK LP103 • Barbara Peters: Literaturprojekt zu „Theodor Tinte trifft seine Helden“

Löwenbilder

Du brauchst:
einen runden Bierdeckel • 1 Bogen weißes Papier (DIN A4) • Wachsmalstifte

So geht es:
1. Lege den Bierdeckel oben auf das Zeichenpapier und male nacheinander mit einem gelben, einem braunen und einem orangen Wachsmalstift vom Bierdeckel aus Linien auf das Papier. So entsteht die Löwenmähne.
2. Male den Löwenkörper und den Löwenschwanz.
3. Male Löwenkopf und Löwenkörper mit Wachsmalstiften aus.
4. Ergänze nun Augen, Nase und Schnauze des Löwen.
5. Male den Bildhintergrund an (Sandhügel, Himmel, eine Oase ...).

BVK LP103 • Barbara Peters: Literaturprojekt zu „Theodor Tinte trifft seine Helden“

Kochlöffeltheater-Figuren

Du brauchst:
einen großen hölzernen Kochlöffel • Filzstifte / Wasserfarben und Pinsel • Stoffreste, Wolle, buntes Papier, Knöpfe, Perlen, Schmucksteine, Tonkarton • Schere • Kleber

So geht es:
1. Entscheide dich für eine Figur.
2. Male das Gesicht deiner Figur auf den Kochlöffelkopf.
3. Klebe aus Wolle oder Stoffresten Haare, Dackelohren oder die Löwenmähne an deinen Kochlöffelkopf. Du kannst auch Fellreste oder buntes Papier nehmen. Klebe Knöpfe, Perlen oder Schmucksteine als Augen auf.
4. Mit euren Kochlöffelfiguren könnt ihr jetzt, wie mit Stabpuppen, Szenen aus dem Bilderbuch oder das kleine Kochlöffeltheaterstück einstudieren und den anderen Kindern vorspielen.

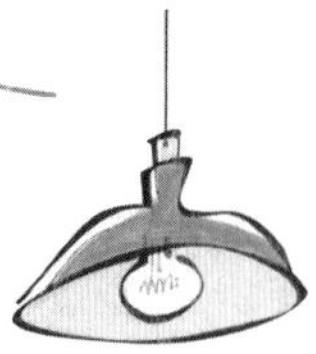

Kochlöffeltheater – Das Theaterstück

Theodor: Wir haben kein Geld mehr.
Ich muss eine neue Geschichte schreiben.

Daisy: Genau! Dann gibt Peter Presse dir wieder Geld
und ich muss keinen Schuh essen.

Geht von der Bühne.

Theodor *(überlegt)*

Mal sehen. ***„Der mutige Ludwig Löwe brüllte gefährlich.***
Alexander Antilope zitterte vor Angst.“

***Ludwig** und **Alexander** springen zu **Theodor**.*
***Daisy** kommt vorsichtig dazu.*

Ludwig: Ich hab‘ die Nase voll!

Alexander: Genau! Ich auch!

Daisy: Wer ist das denn?

(sehr laut bellend)

Wauwauwau!
Wuffwuff!

***Ludwig** springt zur Seite.*

Kinder *(rufen im Hintergrund laut)*

Krach! Bums! Peng!

***Alexander** schubst **Daisy** kräftig um.*

Daisy: *(fällt um)*

Wauauauauau!

Ludwig *(ängstlich)*

Hast du das Untier erledigt, Alexander?

Alexander: Na klar. Der ist nicht mehr gefährlich.

Theodor: Oh, mein Tisch ist kaputt.
Daisy ist ohnmächtig.
Aber ich muss höflich sein! –
Was wollt ihr von mir?

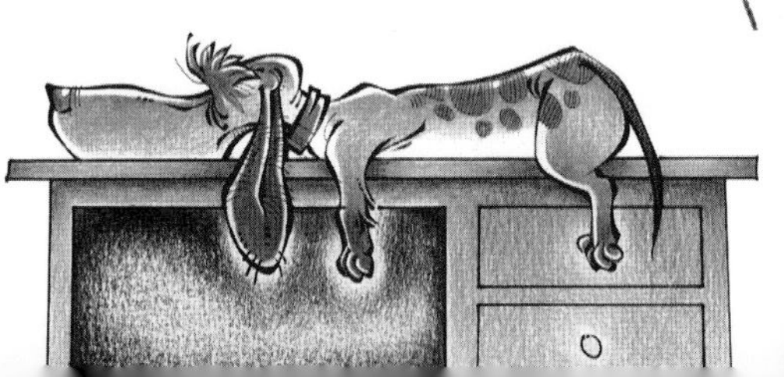

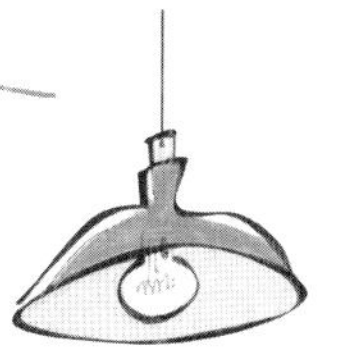

Alexander: Wir halten deine falschen Abenteuer nicht mehr aus.

Ludwig: Wir können nicht mehr.

Theodor: Das verstehe ich nicht.

Ludwig: Ich erkläre es dir.
In deinen Geschichten muss ich mutig und wild sein.
Dabei bin ich ein sehr ängstlicher Löwe.

Alexander: Und ich bin auch ganz anders als in deinen Geschichten.

Theodor: Du bist gar nicht ängstlich?

Alexander: Sehe ich etwa wie ein Angsthase aus?

Theodor: Nein, nein, nein!
Natürlich nicht. – Das wusste ich ja nicht!

Alexander: Du dachtest, Antilopen sind ängstlich,
Löwen sind mutig und Jungen weinen nicht.

Ludwig: Mädchen spielen nur mit Puppen
und Omas fahren nie Motorrad.

Theodor: Nein! Nein! Da habe ich mich wohl geirrt.
Ich verspreche euch, in meinen nächsten Geschichten
wird alles anders.

Ludwig und
Alexander: *(gemeinsam, sehr zufrieden)*
Wunderbar.
Mehr wollten wir nicht.
Dann auf Wiedersehen!

Beide ab.

Daisy: *(wacht auf)*
Habe ich etwa was verpasst?

Ende

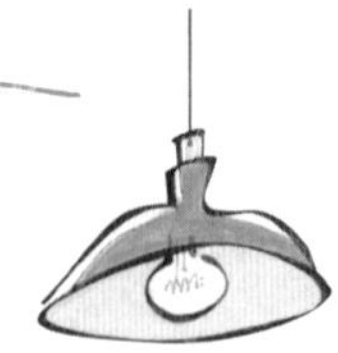

Lösungen

Zu Seite 7:

Fehlende Wörter: Antilope – Stuhl – Boxhandschuh – Ohren – Hörner

Zu Seite 8:

3. Fehlende Wörter: Tageszeitung – Rotwein – Malzbier – Ravioli
4. Bücher – Drachenfürsten – Geld – Villa – Autos

Zu Seite 9:

Theodor Tinte	musste eine neue Geschichte schreiben.
Theodors Geldbörse	war leer.
Der Dichter	starrte in den Vorratsschrank.
Die Dose im Schrank	enthielt sein Leibgericht.
Das Malzbier	reichte höchstens noch bis übermorgen.
Dackel Daisy	kochte einen alten Schuh.
Peter Presse	veröffentlichte Theodors Geschichten.

Zu Seite 11:

1. Ludwig – drohend – gefährlich – Lippen – Alexander – unsanft – Schnauze – Flucht
2. Lösungswort: LÖWE

Zu Seite 13:

S	E	S	T	I	S	C	H
T	B	O	D	K	X	G	L
U	C	F	L	A	M	P	E
H	D	A	F	H	M	O	Q
L	S	C	H	R	A	N	K

Zu Seite 16:

1. Ludwig Löwe ist nicht **mutig** und **wild**. Er ist **lieb**. Außerdem hat er **Angst** vor **Hunden**.
2. Grün: Ich bin kein Feigling.
   Ich unterhalte mich gerne mit Ludwig.
   Ich bin stark.
   Ich kann boxen.

Zu Seite 17:

Lösungswort: WAHRHEIT

Zu Seite 19:

Lösungswort: VORURTEILE

Zu Seite 22:

Dackel Daisy – Peter Presse – Ludwig Löwe

Zu Seite 23:

Löwe – Dose – Geldbörse – Vorratsschrank – Sofa – Drachenfürst – Leser – Bleistift – Antilope – Rotweinflasche – Eisbeutel – Malzbier

Zu Seite 24:

Ludwig – Leo – Lasse

Zu Seite 26:

Lösungswort: NETT

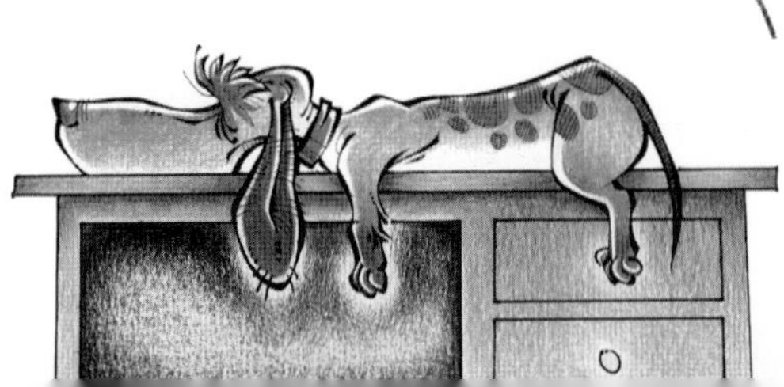

BVK LP103 • Barbara Peters: Literaturprojekt zu „Theodor Tinte trifft seine Helden“